Petra Hoffmann

Taschen quick & easy

Creative Ideen im Trend mit Fertig-Taschen

OZ creativ

Petra Hoffmann ist Designerin und erfolgreiche Trendsetterin. Bei OZ creativ sind bereits mehrere Bücher von ihr erschienen

VORWORT

Liebe Leserinnen, liebe Leser,

Taschen, Taschen und nichts als Taschen finden Sie in diesem Buch. Große, kleine, bunte, feine, lange, breite, flauschig weiche, hippe, wilde auch solide.
Glitzernd, kostbar strahlend, üppig, stets sehr nützlich, asiatisch, orientalisch, durchaus auch der coole Typ. Lässig, frech und elegant – zu jeder Stimmung, jedem Outfit und auch Anlass gibt's hier tolle Tricks und Taschentipps.
Ausgangspunkt der Taschenvielfalt sind die Topmodelle von PRYM: „Carrie", die große, robuste, beigefarbene Tragetasche mit umfangreichem Fassungsvermögen und „Joy", die kleine schwarze mit Gürtel und Hang zu extravaganten, glamourösen Auftritten. Bei beiden lassen sich die Griffe übrigens beliebig auswechseln. Die Frage, welche nun das passende Accessoire für den jeweiligen Anlass ist, führt häufig zu unangenehmen Verspätungen. Zur Vermeidung weiterer Verzögerungen, verpassen Sie also Ihren Taschen eine Typberatung, ziehen Sie sie an, aus und um.

Viel Spaß dabei wünscht Ihnen

INHALT

✦ = leicht und schnell *✦✦ = mittlerer Aufwand* *✦✦✦ = sehr arbeitsaufwändig*

Oberflächen gestalten

TIPP

Möchte man unterschiedliche Streifenbreiten abkleben, werden die Linien vorher mit Bleistift und Lineal angezeichnet. Um ein Karomuster zu gestalten, einmal längs abkleben, nach dem Anmalen und Trocknen quer abkleben.

Stoff bemalen

MATERIAL

- Marabu-Textil Stoffmalfarbe
- Borstenpinsel
- Kreppklebeband
- Bügeleisen
- Baumwolltuch zum Abdecken

1. Den Stoff mit Kreppklebeband abkleben. Um gleichmäßige Streifen zu erhalten, kurze Klebebänder als Abstandhalter und Anlage für den nächsten Streifen einkleben. Klebestreifen fest andrücken und mit dem Pinsel die Farbe auftragen, Klebeband entfernen und trocknen lassen.

2. Die Farbstreifen exakt abkleben, wieder fest andrücken und die nächste Farbe auftragen. Klebeband bei noch feuchter Farbe abziehen; evtl. darunter gelaufene Farbe mit einem Wattestäbchen entfernen. Ist alles durchgetrocknet, den Stoff mit einem Tuch abdecken und durch Bügeln mit der für den Taschenstoff zulässigen Höchsttemperatur fixieren.

HINWEIS

Beim Auftragen von Metallfolie empfiehlt es sich, die Tasche vorher gut auszustopfen. Auf diese Weise wirft der Stoff kaum Falten und das Arbeiten mit der Folie ist viel einfacher.

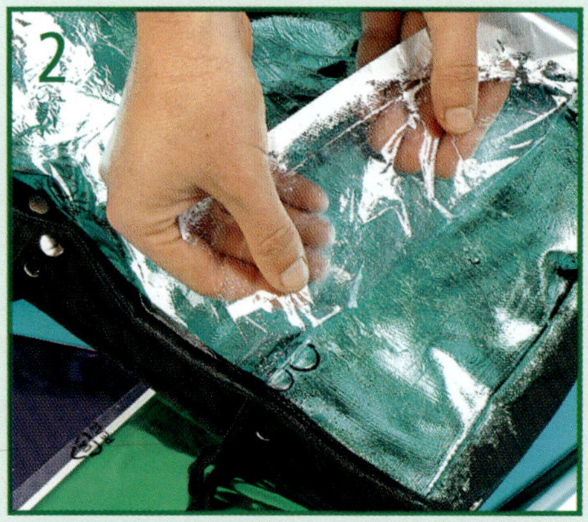

Metallfolie aufbringen

MATERIAL

- Metallfolie
- Folienkleber
- Borstenpinsel

1. Mit dem Pinsel den weißen Folienkleber zunächst auf die Vorderseite der Tasche auftragen. Die Tasche zum Trocknen zur Seite legen, denn erst nach dem Trocknen des Klebers kann weitergearbeitet werden. Der Trocknungsprozess ist abgeschlossen, wenn der Kleber transparent ist.

2. Die Metallfolie mit der silbernen Seite nach unten auf die Tasche auflegen, dann fest anreiben. Die transparente Trägerschicht abziehen. Beide Vorgänge für jede Taschenseite wiederholen. Entstehen evtl. unregelmäßige Stellen, einfach erneut etwas Folienkleber aufbringen, eine zweite Schicht Folie darüber auftragen.

Arbeiten mit Vliesofix

- Filz
- Papierschablone
- Cutter, schnittfeste Unterlage
- Zackenschere
- Vliesofix
- Bügeleisen
- Stecknadeln

1. Zunächst wird die Vorlage in der gewünschten Größe auf ein Blatt Papier kopiert. Dieses Muster auf eine schnittfeste Unterlage legen und mit dem Cutter freistellen bzw. ausschneiden.

2. Vliesofix auf die Rückseite des Applikationsstoffs, in diesem Fall Filz, bügeln. Die Klebeseite zeigt dabei nach unten (zum Filz hin), die Papierseite nach oben.

3. Die Papierschablone wird nun mit einem Stift auf die Papierseite des Vlieses übertragen. Am besten vorher mit einigen Stecknadeln an den Ecken feststecken, damit nichts verrutscht. Danach das Motiv an der äußeren Kontur mit der Zackenschere, im Innenbereich mit dem Cutter ausschneiden. Wer keine zackigen Konturen mag, der bearbeitet alles mit dem Cutter.

4. Die Papierschicht der ausgeschnittenen Filzmotive abziehen. Dann die einzelnen Komponenten des Motivs auf dem Filz arrangieren, und mit dem Bügeleisen fixieren, die Klebeseite zeigt dabei nach unten. Die Temperatur des Bügeleisens auf mittlere bis hohe Temperatur einstellen, damit sich die beiden Stoffe gut verbinden.

HINWEIS

Vor dem Aufbügeln des Vliesofix immer noch einmal versichern, dass die Klebeseite zum Filz hin zeigt, sonst kleben die Motive am Bügeleisen statt am Stoff. Und das wäre doch zu ärgerlich!

TIPP

Filz kommt schön erhaben auf einer Tasche zur Geltung. Ganz individuelle Ergebnisse entstehen aber auch mit Brokatstoffen oder anderen etwas dickeren, strukturierten Geweben.
Bei Raumausstattern gibt es oft ausrangierte Musterbücher, in denen man nach Herzenslust schwelgen kann und sich am Ende auch noch das Lieblings-Stoffstück mit nach Hause nehmen darf.
Bei Applikationen mit dem Bügeleisen, ist natürlich auch immer darauf zu achten, dass der Stoff Hitze verträgt.

Die sandfarbene Fransenborte mit Perlen verleiht diesem Modell eine exotische Note

Tasche im Naturlook

Größe

40 x 25 cm

Schwierigkeitsgrad

◆◆

Coconut Kiss

Eine Tasche ganz im Ethnostil – kraftvoll, wild und unbändig erobert sie sich einen Platz an der Cocktailbar, für karibische Nächte genau das richtige Accessoire.

MATERIAL

- Taschenkörper „Carrie" von Prym
- 1 Paar Taschengriffe „Camille" von Prym
- Fransenborte in Beige mit Perlen, 6 cm breit, 4 m
- 20 Schmuckknöpfe in Braun mit roten und goldenen Stabperlen, Ø 2 cm
- Nähgarn in Beige
- Nähnadel
- Schneiderkreide
- Lineal
- Schere

SO WIRD ES GEMACHT

1. Als Erstes vom Taschenkörper die unteren seitlichen Riegel entfernen. Von innen aus der Tasche den Boden heraustrennen. Die Bodennaht öffnen, 2 x 2 cm nach innen einschlagen und feststeppen.
2. Von der oberen Kante des Taschenkörpers 12 cm nach unten abmessen und mit Schneiderkreide eine Linie einzeichnen. Entlang dieser Linie die Fransenborte rundherum aufsteppen. Diesen Vorgang viermal nach oben versetzt wiederholen. Die Fransenborte sollte jeweils 3 bis 4 cm überlappen.
3. Nun die Tasche auf links drehen und in der Hälfte absteppen. Die offenen Seiten nach oben einschlagen, so entstehen zwei Innentaschen. Die Innentaschen an den Seitenrändern 10 cm fest steppen.
4. Zum Schluss die Knöpfe gleichmäßig auf der Vorder- und Rückseite verteilen und annähen, die Taschenhenkel einhängen und den oberen Riegel schließen.

Der bezaubernde Schmetterling lässt sich ebenso wie die Paillettenblüten ganz einfach aufkleben

Picknicktasche

Größe

32 x 21 cm

Schwierigkeitsgrad

◆◆◆

Butterfly Dreams

Zarte Blüten, Schmetterling und Brosche auf pastellfarbenem Grund – so sehen Mädchenträume aus! Diese verspielt romantische Tasche ist die perfekte Begleiterin für einen Spaziergang unter wolkenlosem blauem Himmel auf einer bunten Frühlingswiese.

MATERIAL

- Taschenkörper „Joy" von Prym
- 1 Paar Taschengriffe „Kim" von Prym
- Taft in Rosa, 50 x 140 cm
- Karostoff in Weiß-Rosa-Hellblau-Hellgrün, 40 x 140 cm
- Paillettenborte in Pink, 0,5 cm breit, 60 cm
- 4 Paillettenblüten in Rosa zum Aufbügeln
- Schmetterling in Hellgrün zum Aufbügeln
- Organzabrosche in Rot
- Anstecknadel mit Perlen in Rosa
- Gummiband, 5 mm breit, 25 cm
- Heftgarn
- Nähgarn in Rosa
- Schnittpapier, DIN A3 (oder Packpapier)
- Stecknadeln
- Sicherheitsnadel
- Schere
- Zackenschere
- Bastelkleber, transparent

SO WIRD ES GEMACHT

1. Schnittteile (siehe Seite 44) maßstabgetreu auf Papier übertragen. Zusätzlich für die Seitenteile der Tasche je einen Schnittstreifen im Format 68 x 11 cm für den Karostoff und 96 x 11 cm für den rosa Taft herstellen. Alle Schnittteile mit 1 cm Nahtzugabe ringsum zuschneiden.

2. Für die gekräuselte Paspel einen 4 cm breiten und 140 cm langen Streifen aus Karostoff zuschneiden, die schmalen Seite jeweils 1 cm umbügeln, den Streifen längs falten und an den offenen Kanten mit großem Stich zusammensteppen. Den Streifen auf die Länge des Taschenumfangs kräuseln.

3. Den karierten Taschenbeutel zusammennähen, die offene obere Kante 1 cm breit nach innen bügeln.

4. Den rosa Taschenbeutel nähen. Die eingezeichnete Falte und den Tunnelzug gemäß Schnitt ringsum steppen.

5. Den gekräuselten Paspelstreifen hinter die umgebügelte Kante des karierten Stoffbeutels heften.

6. Den karierten Taschenbeutel über den rosa Taschenbeutel schieben. Unterhalb der gekräuselten Borte erneut heften, dann feststeppen, dabei am Vorder- und Rückteil ca. 15 cm in der Mitte offen lassen, hier die Griffe einschieben und mit der Hand am Unterstoff annähen. Die offene Kante, soweit es geht, mit der Maschine steppen, den Rest von Hand schließen. Heftfäden entfernen. Für den Eingriff Gummi in den rosa Stoffbeutel einziehen.

7. Taschenkörper in die neue Hülle legen und so ausstopfen, dass eine glatte Oberfläche entsteht, dann Blüten, Schmetterling, Broschen und Borte arrangieren und mit Bastelkleber aufbringen. Trocknen lassen, Füllung entfernen.

TIPP

Alle Bügelmotive lassen sich hier leichter durch Aufkleben als durch Aufbügeln anbringen. Das Aufkleben ist hier außerdem besser, weil die aufbügelbaren Blüten auf der Paillettenborte liegen und diese beim Aufbügeln an Glanz verlieren würde.

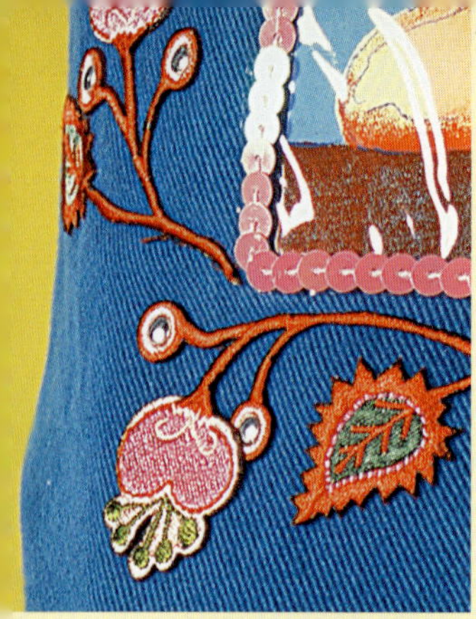

Glitzernd in Szene gesetzt: Die Fotohülle wird mit Paillettenband eingefasst

Taschen mit Einsteckhüllen

Größe

40 x 40 cm

Schwierigkeitsgrad

◆

Einfach himmlisch

So kommen Lieblingspost und Lieblingsfotos gut zur Geltung. Schillernde Pailletten und Blüten geben den künstlerischen Rahmen. Da ist gewiss in Zukunft mit noch mehr himmlischen Botschaften zu rechnen – gut also, dass die Tasche so groß ist.

MATERIAL

Jeweils für beide Modelle:

- Taschenkörper „Carrie" von Prym
- Marabu-FashionColor in Türkisblau
- 1 kg Salz
- Nähgarn in Türkis
- Schneiderkreide
- Bügeleisen
- Baumwolltuch zum Abdecken
- Schere
- Bastelkleber, transparent

Tasche mit Blütenranken:

- 1 Paar Taschengriffe „Anita" von Prym
- Folie (PVC), transparent, ca. 12 x 17 cm (für eine Standard-Postkarte)
- 5 Blütenranken in Rosa-Rot zum Aufbügeln
- Paillettenband in Rosa irisierend, Ø 5 mm, 40 cm

Tasche mit drei Fototaschen:

- 1 Paar Taschengriffe „Nina", transparent von Prym
- Folie (PVC), transparent, ca. 20 x 40 cm (für drei Standard-Postkarten oder -Fotos)
- Blüte in Grün zum Aufbügeln
- Ornament mit Stein zum Aufbügeln
- Paillettenband in Rosa irisierend, Blau irisierend und Grün irisierend, Ø 6 mm, je 40 cm

SO WIRD ES GEMACHT

Beide Modelle werden nach dem gleichen Prinzip angefertigt.

1. Als Erstes die Tasche bei 60° C in der Waschmaschine waschen, um die Appretur zu entfernen. Anschließend die Tasche gemäß Färbeanleitung (siehe Packungsbeilage) einfärben.

2. Während die Tasche gewaschen und gefärbt wird, die Folie auf das gewünschte Karten- oder Fotoformat schneiden, zuzüglich jeweils 1 cm an drei Seiten.

3. Ist die Tasche getrocknet, wird die Postkarte oder das Foto platziert und die Position auf der Tasche mit Schneiderkreide markiert.

4. Danach werden alle Bügelmotive ausgelegt. Die Blütenranke in Rosa-Rot wird dazu zum Teil auseinander geschnitten und neu angeordnet. Die Bügelmotive mit einem Tuch abdecken und aufbügeln.

5. Nun die Folie knappkantig aufsteppen. Dann das Paillettenband mit Bastelkleber so aufkleben, dass die Folienränder nicht mehr zu sehen sind.

6. Zum Schluss die Taschengriffe anbringen.

TIPP

Statt einer himmlischen Botschaft lässt sich hier auch eine „musikalische" Botschaft unterbringen: ein Notenblatt oder eine Farbkopie des Covers der Lieblings-CD.

Wer es praktisch mag, verwendet die Einsteckhülle für seine Einkaufsliste, so hat man die Hände frei und kann doch immer wieder einen Blick darauf werfen.

Übrigens lässt sich die Tasche statt mit Aufbügelmotiven auch sehr schön mit anderen Materialien gestalten: Einen Rahmen für die Hülle aus Filz fertigen, zum Beispiel eine Wellenform in Blau für Muschelbilder aus dem Urlaub.

Die Aufhängeschlaufen für den Taschengriff werden durch je ein Knopfloch in der Taschenklappe gezogen

Tasche mit Taschenklappe

Größe

30 x 20 cm

Schwierigkeitsgrad

◆

Asia Flair

Im Handumdrehen hat Ihre Tasche die Welt umreist, einzig ein asiatisch anmutender Jacquardstoff wird benötigt und Sie befinden sich in China. Indien erreichen Sie mit Sariborte, in Tibet kommen Sie mit orangefarbener Seide gut an.

MATERIAL

- Taschenkörper „Joy" von Prym
- 1 Paar Taschengriffe „Marilyn" von Prym
- Jacquardstoff mit Asiamuster in Rot, 90 cm breit, 30 cm
- Libellenbrosche in Rosa
- Libellenbrosche in Hellblau
- Blumenbrosche mit Pailletten in Rot, irisierend
- Klettband (Flausch- und Hakenband), selbstklebend, 20 cm
- Vlieseline F 220, 60 cm breit, 30 cm
- Nähgarn in Dunkelrot und Schwarz
- Nähmaschine
- Schnittpapier
- Lineal
- Bleistift
- Stecknadeln
- Zackenschere
- Bügeleisen

SO WIRD ES GEMACHT

1. Den Schnitt für die Taschenklappe (siehe Seite 44) in den angegebenen Maßen auf das Papier übertragen.
2. Die Hälfte des Stoffes auf der Rückseite mit Vlieseline bebügeln. Den Schnitt einmal auf den mit Vlieseline bebügelten und einmal auf den nicht verstärkten Stoff legen und mit Bleistift übertragen. Am oberen Rand 2 cm Nahtzugabe, an den anderen drei Seiten jeweils 1 cm zugeben. Anschließend die beiden Schnittteile mit der Zackenschere ausschneiden.
3. Nun die Stoffteile für die Taschenklappe rechts auf rechts legen, mit Stecknadeln zusammenstecken und mit der Nähmaschine die untere gebogene und die beiden langen Seiten absteppen. Die Nahtzugabe in den Ecken einschneiden und das Teil wenden.
4. Am oberen offenen Rand die Nahtzugabe (2 cm) nach innen einschlagen, glatt bügeln und die Kante knappkantig absteppen.
5. Nun das Klettband ankleben: An der oberen Kante der Taschenklappe das Flauschband anbringen und am Steg des Reißverschlusses der schwarzen Tasche das Hakenband.
6. Die im Schnitt angegebenen Knopflöcher (1,5 cm Länge) werden auf die Taschenklappe übertragen und mit der Nähmaschine genäht.
7. Zum Schluss die Schlaufen für den Taschengriff durch die Knopflöcher ziehen und die Taschenklappe ankletten. Den zweiten Taschengriff an den vorhandenen Schlaufen der Tasche befestigen.

HINWEIS

Damit der Klettverschluss auch dauerhaft hält, kann er einfach noch einmal von Hand mit ein paar Stichen an der Taschenklappe und dem Taschensteg befestigt werden.

TIPP

Für eine ganz individuelle Tasche suchen Sie zu Ihrer Lieblingsbrosche den passenden Stoff aus. Eine andere tolle Variante erhalten Sie, wenn Sie mit der Tasche durch die Tierwelt reisen: Arbeiten Sie die Taschenklappe aus Stoff mit Tierfellmuster, z. B. in Zebra-, Leoparden- oder Giraffendessin.

Ein toller Blickfang: Jeans mit dekorativem Gürtel sind besonders gut geeignet

„Hosen"-Tasche

Größe

30 x 20 cm

Schwierigkeitsgrad

◆

Hot Pants

Die Lieblingsjeans passt nicht mehr? Kein Grund zur Verzweiflung, sie wird zur Lieblingstasche! Dieses coole Modell kann garantiert den Gürtel enger schnallen.

MATERIAL

- Taschenkörper „Joy" von Prym
- Taschengriff „Alice" von Prym
- Jeanshose (am besten kurze Hosen, z. B. Hotpants oder Shorts)
- Fellbroschen, je 1 in Lila und Rot
- Nähgarn in Schwarz und im Farbton der Hose
- Nähnadel
- Maßband
- Schere

SO WIRD ES GEMACHT

1. Jeans-Shorts im Umfang des Taschenkörpers kaufen oder eine alte Hose auf das benötigte Maß ändern. Die Schrittnaht der Hose auftrennen. Die Taschenhöhe zuzüglich Taschensteg und 2 cm Nahtzugabe, vom Hosenbund an gemessen, abschneiden.
2. Die Hosennaht nun gerade absteppen. Die unteren Ecken etwa 3 cm nach innen schieben und von links beidseitig ein kleines Dreieck für den Taschenboden abnähen.
3. Hose über die Tasche schieben. Den Hosenbund mit großen Stichen verdeckt an den Taschenbund nähen.
4. Die seitlichen Aufhänger in der Hose um die Schlaufen des Taschenhenkels legen und am Hosenbund festnähen; wenn die Hose keine Aufhängeschlaufen hat, einfach zwei Schlaufen (z. B. aus Nahtband) einnähen.

TIPP

Wer seine Tasche von Zeit zu Zeit einmal umziehen möchte, näht Klettband an Taschen- und Hosenbund. So passt die Tasche immer zum Outfit! Je nach Wahl der Hose kann eine sehr schlichte oder eine besonders verspielte Taschenvariante entstehen.

Eine traumhaft schöne Kombination: funkelnde Steine auf farbkräftigem Filz

Orientexpress

Diese Tasche in ihrer üppigen Farbenpracht scheint auf einem orientalischen Basar erstanden zu sein. Es bleibt ein Geheimnis, dass sie selbst gemacht ist: Ornamente aufbügeln, Strasssteine ankleben und Broschen anstecken – fertig ist das Schmuckstück!

Tasche mit Applikationen

Größe

40 x 40 cm

Schwierigkeitsgrad

◆

MATERIAL

- Taschenkörper „Carrie" von Prym
- 1 Paar Taschengriffe „Indira", lang, von Prym
- Bastelfilz in Rosa, Pink und Orange
- Vliesofix, 90 cm breit, 40 cm
- 8 Häkelspiegel in Grün
- 2 Strassblumenbroschen in Pink
- Strasssternbrosche in Grün
- Brosche in Lila
- Ornament mit Steinen in Rot, Pink, Grün und Lila zum Aufbügeln
- Ornament mit Steinen in Türkis zum Aufbügeln
- 8 Strassornamente „Paisley" in Braun zum Aufbügeln
- 16 Strasssteine in Pink mit Splinten zum Umklappen
- Marabu-FashionColor in Violett
- 1 kg Salz
- Bügeleisen
- Baumwolltuch zum Abdecken
- Stecknadeln
- Bleistift
- Papier, DIN A4
- Cutter, Schneideunterlage
- Zackenschere
- Schere

SO WIRD ES GEMACHT

1. Die Tasche bei 60° C in der Waschmaschine waschen und gemäß Färbeanleitung (siehe Packungsbeilage) einfärben. Trocknen lassen und anschließend bügeln.

2. Nun die Filzapplikationen mit Vliesofix aufbringen (siehe dazu auch Grundkurs „Arbeiten mit Vliesofix", Seite 7): Den Bastelfilz mit Vliesofix bebügeln. Die Ornamente (siehe Schnittzeichnung unten und in der Marginalspalte links) maßstabgetreu auf einen DIN-A4-Bogen aufzeichnen und ausschneiden. Diese Schablonen mit Stecknadeln auf der Papierseite des Vlieses fixieren, mit dem Bleistift umfahren. Einen Teil der Ornamente mit der Zackenschere an der Außenkontur der Motive und den anderen Teil der Ornamente entlang der Innenkontur mit einer normalen Schere ausschneiden (siehe Foto rechts).

3. Die Trägerschicht der kleineren Ornamente entfernen und diese auf die größeren aufbügeln (siehe Foto rechts). Dann die Strassornamente aufbügeln. Die Trägerschicht der Filzornamente entfernen, auf der Tasche anordnen und aufbügeln.

4. Nun alle anderen Schmuckteile arrangieren und mit Bastelkleber aufkleben. Die Broschen anstecken und zum Schluss die Taschengriffe einhängen.

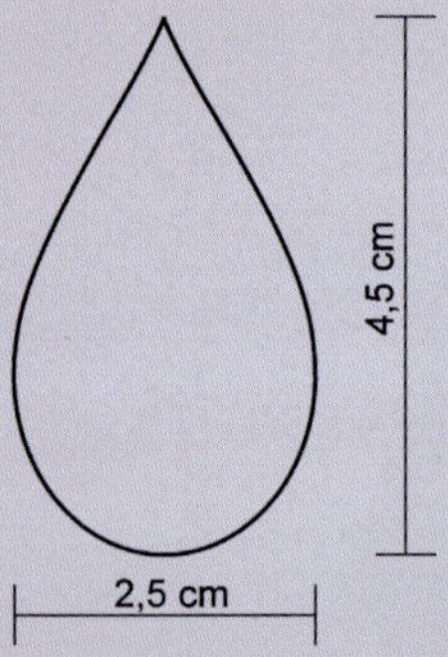

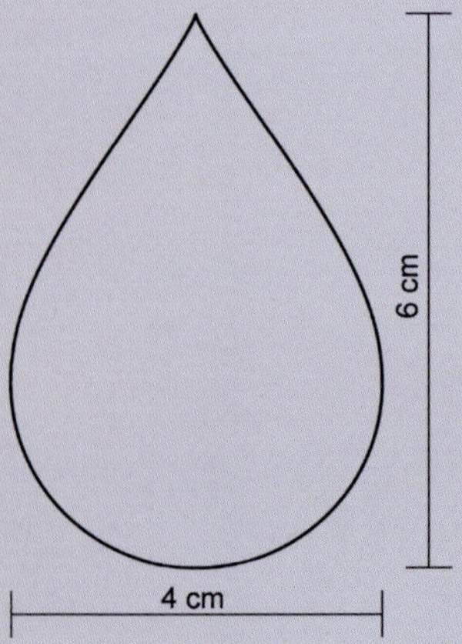

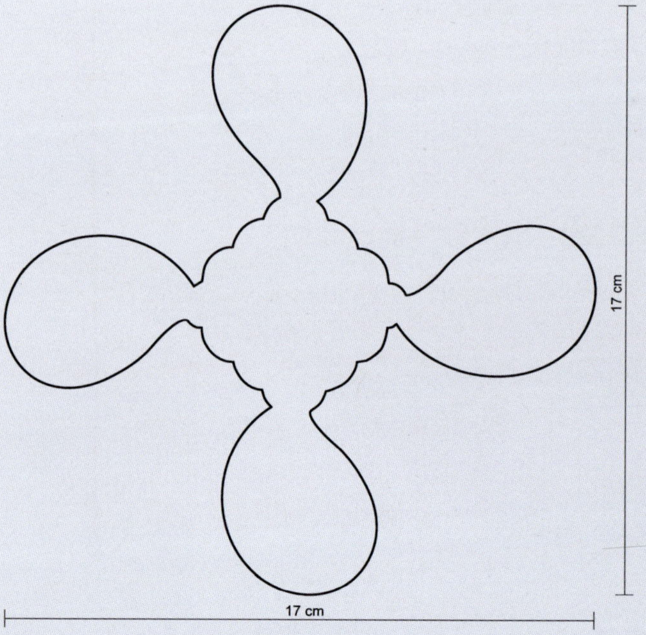

Die Auswahl an schönen Aufbügelmotiven ist groß – hier Ton in Ton mit dem Filz

Handtasche in Schwarz-Braun

Größe

30 x 22 cm

Schwierigkeitsgrad

◆

Brown Sugar

Diese Tasche zeigt sich immer von ihrer Schokoladenseite, ihr Vorteil: Sie schmilzt nicht – auch nicht unter Palmen und südlicher Sonne!

MATERIAL

- Taschenkörper „Joy" von Prym
- 1 Paar Taschengriffe „Madeleine" von Prym
- 16 Blütenmotive in Brauntönen zum Aufbügeln
- Bastelfilz in Dunkelbraun, 50 x 140 cm
- Vliesofix, 25 x 140 cm
- Nähgarn in Dunkelbraun
- Bügeleisen
- Baumwolltuch zum Abdecken
- Schnittpapier
- Bleistift
- Cutter, schnittfeste Unterlage
- Schere

SO WIRD ES GEMACHT

1. Den Bastelfilzstreifen der Länge nach in zwei Stücke (à 25 x 140 cm) schneiden und eines komplett mit Vliesofix bebügeln. Die Trägerschicht abziehen und auf den zweiten Streifen bügeln.

2. In der Mitte des verstärkten Filzstreifens (25 x 140 cm) eine Mittellinie markieren (Bruchlinie). Den Schnitt für die zusammenhängenden Kreise (siehe Seite 44) einmal links und einmal rechts von der Mittel- bzw. Bruchlinie auf den Filz übertragen. Die Kreise mit dem Cutter freischneiden.

3. Die Blumenmotive jeweils in der Mitte eines Filzkreises platzieren, mit einem Tuch abdecken und aufbügeln.

4. Den Streifen aus Filzkreisen an zwei Punkten zum Ring schließen, um die Tasche legen und jeweils mittig am oberen Rand der Kreise an die Tasche steppen. Zum Schluss die Taschengriffe einhängen.

Einzelne Blüten und Blätter werden nach Wunsch arrangiert

Glanz und Glamour

Das ist genau die richtige Begleitung für das kleine Schwarze. Je dezenter das Kleid, desto mehr rückt die Tasche ins Blickfeld. Für den großen Auftritt braucht es eben oft nur die kleinen Dinge.

Abendtasche mit Pailletten

Größe
30 x 20 cm
Schwierigkeitsgrad
◆

MATERIAL

- Taschenkörper „Joy" von Prym
- Metallfolie in Rot, 6 Bogen à 20 x 30 cm
- Capaplex (Elefantenhaut)
- Paillettenband in Grün irisierend, Ø 6 mm, 4,5 m
- 2 Paillettenblüten in Lila
- 2 Blütenapplikationen mit gestickten Blättern
- Designfilz in Grün, 3 mm stark, 20 x 30 cm
- Borstenpinsel Nr. 1 und Nr. 12
- 6 Wäscheklammern
- Zirkel
- Lineal
- Schere
- Folienkleber, 1 Flasche
- Bastelkleber, transparent

SO WIRD ES GEMACHT

1. Die Tasche wird mit roter Metallfolie überzogen, siehe hierzu auch Grundkurs „Metallfolie aufbringen" auf Seite 6. Mit dem großen Borstenpinsel die Vorderseite des Taschenkörpers komplett mit Folienkleber bestreichen. Die Tasche gut trocknen lassen. Der Trockenprozess ist beendet, wenn der weiße Folienkleber transparent wird. Jetzt die rote Metallfolie mit der silbernen Seite nach unten auf die Tasche legen und fest anreiben. Das Trägermaterial abziehen. Diesen Vorgang für die Seitenteile, die Rückseite und den inneren oberen Taschenrand wiederholen.

2. Während der Trockenzeiten des Folienklebers können die Taschengriffe gearbeitet werden. Dazu pro Griff mit dem Zirkel zwei ineinander liegende Kreise auf dem Filz aufzeichnen, der Außenradius beträgt 7 cm, der Innenradius 4 cm. Die entstandenen Ringe mit der Schere ausschneiden.

3. Bei beiden Ringen mit dem kleineren Pinsel Bastelkleber am äußeren Rand der Kreise auftragen, dann das Paillettenband auflegen und andrücken. Diesen Vorgang in der Mitte des Ringes und am inneren Rand wiederholen. Damit ist der hintere Griff fertig gestellt.

4. Auf den Ring für den vorderen Griff werden zum Paillettenband noch Blüten und Blätter aufgeklebt. Dafür von den Blumenapplikationen mit gestickten Blättern die Blüten abtrennen und die einzelnen Blüten und Blätter zusammen mit den großen lilafarbenen Paillettenblumen auf dem Ring anordnen und aufkleben. Eine Blüte und zwei Blätter zurückbehalten.

5. Die Tasche wird mit Capaplex (Elefantenhaut) bemalt, so verliert sie den leicht klebrigen Charakter und die Oberfläche wird strapazierfähiger.

6. Nach dem Trocknen das Paillettenband um den Taschenrand kleben. Dann werden die Taschengriffe auf der Rückseite zur Hälfte dick mit Bastelkleber eingestrichen, mittig auf der Tasche angebracht und mit Wäscheklammern fixiert.

7. Die zurückbehaltenen Blätter, Blüte und Paillettenband abschließend auf der Taschenvorderseite arrangieren und aufkleben. Ist alles durchgetrocknet, die Klammern entfernen.

TIPP

Es können übrigens auch verschiedenfarbige Metallfolien untereinander kombiniert werden. Außerdem muss die Metallfolie nicht immer vollflächig aufgetragen werden. Mit dem Folienkleber lassen sich tolle Muster aufmalen, so entstehen interessante Effekte.

AIDA

Auf dem Taschengürtel lassen sich Accessoires ganz nach Wunsch anbringen

Plüschtaschen

Größe

34 x 24 cm

Schwierigkeitsgrad

◆

Haarsträubend schön!

Flauschig weiß oder pastellig gelb – dieses Modell lässt sich nicht nur der Stimmung, sondern auch dem Outfit anpassen – einfach an- oder umkletten.

MATERIAL

Jeweils für beide Modelle:
- Taschenkörper „Joy" von Prym
- Taschengriffe „Marilyn" von Prym
- Klettband (Flausch- und Hakenband), selbstklebend, in Schwarz, je Tasche 80 cm
- Nähmaschine, Maßband
- Nähgarn in Schwarz, Nähnadel

Plüschtasche in Weiß:
- Langhaarplüsch in Weiß, 145 cm breit, 30 cm
- Stoffblütenbrosche mit Feder in Weiß
- Nähgarn in Weiß

Plüschtasche in Gelb:
- Langhaarplüsch in Gelb, 145 cm breit, 30 cm
- 3 Paillettenblüten in Gelb
- Nähgarn in Gelb
- Bastelkleber, Pinsel

SO WIRD ES GEMACHT

Beide Plüschtaschen werden nach dem gleichen Prinzip gefertigt.

1. Den Plüsch auf eine Größe von 84 x 25 cm zureißen, er wird durch das Reißen nicht beschädigt und zugleich wird unangenehmes Fusseln vermieden.

2. An einer der beiden langen Seiten der Tasche 0,5 cm unterhalb des Randes die Flauschbandseite des Klettbandes aufkleben, rechts und links bleiben jeweils 2 cm frei. Das Klettband zusätzlich mit großen Stichen fixieren, besonders an den Enden.

3. Die Hakenbandseite des Klettbandes rundum an die obere Taschenkante kleben, sicherheitshalber noch einmal mit der Hand annähen.

4. Den Plüsch rechts auf rechts legen, die Seitennaht mit 2 cm, die untere Naht mit 1 cm Nahtzugabe schließen, wenden und an die Tasche kletten.

5. Den Taschengürtel um die Tasche legen, die Brosche an den Gürtel stecken bzw. gelbe Paillettenblüten an den Gürtel kleben. Zum Schluss die Griffe oben an der Tasche anbringen.

Das ergibt den Retrolook: Filzapplikationen in abgestimmten Farben

Shopper
mit Kreisen

Größe
40 x 50 cm

Schwierigkeitsgrad
◆

Retro Style

Den Farben und Formen der Siebziger Jahre nachempfunden, wird man Sie um dieses einzigartige Erbstück beneiden. Wenn es ein Unikat bleiben soll, müssen Sie ja keinem erzählen, wie es geht.

MATERIAL

- Taschenkörper „Carrie" von Prym
- 1 Paar Taschengriffe „Kim" von Prym
- 4 Aufhänger für Taschengriffe, silberfarbig, von Prym
- Baumwollstoff in Grün, Hellbraun und Dunkelbraun, 90 oder 140 cm breit, 20 cm
- Vliesofix, 90 cm breit, 40 cm
- Ansteckblumen aus Organza, 2 in Türkis, 2 in Pink und 1 in Lila
- Marabu-FashionColor in Apricot
- 1 kg Salz
- Bügeleisen
- Zirkel
- Schere
- Cutter, schnittfeste Unterlage

SO WIRD ES GEMACHT

1. Als Erstes die Tasche bei 60° C in der Waschmaschine waschen. Anschließend gemäß Färbeanleitung (siehe Packungsbeilage) einfärben. Die Menge der zugegebenen Farbpigmente bestimmt die Farbintensität; für dieses Modell wurde etwa die Hälfte der Farbpigmente benutzt.

2. Während des Färbens und Trocknens kann die Bügelapplikation vorbereitet werden, siehe dazu auch „Arbeiten mit Vliesofix", Seite 7. Die Stoffstücke auf einer Seite mit Vliesofix bebügeln.

3. Auf die Papierseite des Vlieses werden nun die Kreise und Ringe mit dem Zirkel aufgezeichnet. Beim grünen und dunkelbraunen Baumwollstoff jeweils mit einem Radius von 7,25 und 6 cm. Auf den hellbraunen Baumwollstoff vier Ringe mit einem Außenradius von 5,25 cm und einem Innenradius von 4 cm einzeichnen.

4. Alle Formen ausschneiden, die Kreise mit einer Schere. Die hellbraunen Ringe außen mit der Schere, innen mit dem Cutter abschneiden, einer der dabei anfallenden Innenkreise wird zum Mittelkreis auf der Tasche.

5. Die Trägerschicht des Klebevlieses abziehen, die Kreise und Ringe auf der Tasche anordnen (siehe Foto) und mit dem Bügeleisen Schicht für Schicht aufbügeln, die Klebeseite zeigt nach unten.

6. Die Ansteckblumen aus Organza mittig auf den Kreisen oder ganz nach Wunsch gruppiert auf der Tasche arrangieren und anstecken. Zum Abschluss die Aufhänger montieren und die Taschengriffe anbringen.

TIPP

Als Referenz an die Fünfziger Jahre kann die Tasche auch in ihrem ursprünglichen Farbton (Beige) mit pastellfarbenen Stoffsegmenten in Ellipsen- oder Nierenform gestaltet werden. Wer es lieber modern mag, der schneidet einfach kleine farbenfrohe Kreise aus und bügelt sie auf. Es gilt überhaupt: Erlaubt ist, was gefällt, der Fantasie sollte man keine Grenzen setzen!

Paradiesisch schön: Wie Tautropfen hängen die Perlen in den Fransen

Grüne Federtasche

Größe

34 x 22 cm

Schwierigkeitsgrad

Paradiesvogel

Ob Filmpremiere oder Opernbesuch die Alltagstasche kann zum Paradiesvogel verwandelt auch hier mithalten. Sie ist federleicht in der Herstellung, denn die außergewöhnliche Borte wird einfach angehext.

MATERIAL

- Taschenkörper „Joy" von Prym
- 1 Paar Taschengriffe „Carolin" von Prym
- Federborte in Grün, 2,6 m
- Fransenborte mit Perlen in Beige, 1 m
- Paillettenschmetterling in Braun
- Strassbrosche
- Nähmaschine
- Nähgarn in Schwarz und Beige
- Nähnadel
- Stecknadeln
- Maßband
- Schere
- Textilkleber

SO WIRD ES GEMACHT

1. Den Umfang des Taschenkörpers unten, in der Mitte und oben ausmessen und die Federborte in drei entsprechend lange Teile schneiden.

2. Die Federborte wird mit Stecknadeln an die Tasche gesteckt und mit der Hand angenäht. Dazu mit der unteren Borte beginnen: Anstecken und annähen, dann die nächste Reihe anstecken und annähen usf. Die Bortenenden sollten dabei jeweils 1 bis 2 cm überlappen.

3. Am oberen Rand wird die beigefarbene Fransenborte mit der Nähmaschine rings herum aufgesteppt. Dazu einen Oberfaden in Beige und einen Unterfaden in Schwarz verwenden.

4. Abschließend werden die Taschengriffe eingehängt, die Brosche angesteckt und der Paillettenschmetterling mit Textilkleber angebracht.

Brosche an ungewöhnlicher Stelle – kleine Ursache mit großer Wirkung

Taschen mit Filzhenkeln

Größe
30 x 20 cm
Schwierigkeitsgrad
◆◆

City Bag

In trendgerechter Filzoptik wird dieses Modell zur unentbehrlichen Begleitung. Am besten die Farben auf das Lieblingsoutfit abstimmen!

MATERIAL

Jeweils für beide Modelle:
- Taschenkörper „Joy" von Prym
- Nähmaschine
- Cutter, schnittfeste Unterlage
- Bleistift, Lineal
- Schere
- Nähgarn, farblich passend

Tasche mit Henkel in Hellblau:
- Designfilz in Hellblau, 11,5 x 116 cm
- 2 Broschen mit Strasssteinen in Türkis
- Schmuckkette mit Strasssteinnetz in Türkis

Tasche mit Henkel in Himmelblau:
- Designfilz in Himmelblau, 11,5 x 116 cm
- Brosche mit Strasssteinen in Hellblau, Braun und Transparent

SO WIRD ES GEMACHT

Beide Modelle werden auf die gleiche Weise gefertigt.

1. Alle Griffaufhängungen an der Tasche abschneiden. Für den Taschengürtel über die gesamte Filzlänge einen 2,5 cm breiten Streifen ab-schneiden und diesen auf 84 cm Länge kürzen. Die Metallringe des vorhandenen Gürtels abtrennen und mit einem Umschlag von 4 cm an den neuen Filzgürtel ansteppen, dabei ganz eng an den Ringen nähen.

2. Der restliche, 9 cm breite Filzstreifen dient als Taschenhenkel. Diesen der Länge nach in der Mitte mit dem Cutter einritzen, an den Enden bleiben jeweils 35 cm geschlossen. Den Filzhenkel Kante an Kante mit einem breiten, aber dichten Zickzackstich zusammensteppen, d. h. den Henkel zu einem Ring schließen. Diese Naht wird im nächsten Schritt in der Mitte des Taschenbodens angelegt.

3. Das Taschenfutter heraustrennen und die Vlieseinlage im Verlauf des Henkels entfernen. Den Henkel anlegen und ganz knapp an der Taschennaht ansteppen, dabei jeweils 3 mm vor der Taschennaht auf dem Vorder- und Rückteil nähen. Das Futter wieder einsetzen. Die Tasche mit Strassaccessoires schmücken.

Eyeshadows
by H&M

Ein Verschluss, der sich dem Volumen des Inhalts anpassen kann

Gestreifte Umhängetasche

Größe
40 x 30 cm

Schwierigkeitsgrad
◆◆◆

Streifenmix

In sommerlicher Segeltuchoptik verbreitet diese Tasche gute Laune, das muss wohl an den fröhlichen Streifen liegen. Es lässt sich auch eine ganze Menge darin unterbringen, der variable Verschluss macht es möglich.

MATERIAL

- Taschenkörper „Carrie" von Prym
- 2 Zurrgurte in Hellblau mit Gurtschließen
- Nähgarn in Grün und Beige
- Marabu-Textil in Weiß, Zitron, Mittelgelb, Hellgrün und Rosa
- Marabu-Textil plus in Hellblau
- Borstenpinsel Nr. 2, 8 und 12
- Plastikbecher zum Farbenmischen
- Nähmaschine
- Bügeleisen
- Baumwolltuch zum Abdecken
- Wattestäbchen
- Feuerzeug
- Lineal
- Bleistift
- Schere
- Kreppklebeband, 2 cm breit, 1 Rolle

SO WIRD ES GEMACHT

1. Die oberen und unteren seitlichen Taschenriegel abtrennen. Die Taschenbodenverstärkung aus der Tasche heraustrennen und die Aufhängung für die Taschenträger abschneiden.

2. Mit Bleistift und Lineal auf die Vorder- und Rückseite der Tasche ein beliebiges Streifenmuster aufzeichnen; eine Seite erhält Längs-, die andere Querstreifen.

3. Hellblau, Hellgrün und Zitron werden jeweils mit Weiß zum gewünschten Farbton aufgehellt. Orange wird aus Rosa und Mittelgelb gemischt und ebenfalls mit Weiß aufgehellt.

4. Für jede Farbe werden die Streifen mit Kreppklebeband abgeklebt, so entstehen exakte Streifen (siehe hierzu auch den Grundkurs „Stoff bemalen" auf Seite 6). Die Klebestreifen fest andrücken. Die Farbe mit dem Pinsel auftragen, sofort im Anschluss die Klebestreifen abziehen. Fehlerhafte Stellen mit einem Wattestäbchen korrigieren. Trocknen lassen. Dann die nächste Farbe auftragen. Nach jedem Farbauftrag die Farbe trocknen lassen. Zum Schluss den oberen Taschenbund von innen in Weiß bemalen.

5. Ist die Farbe gut durchgetrocknet, den Stoff mit einem Tuch abdecken und durch Bügeln mit der für den Stoff zulässigen Höchsttemperatur fixieren.

6. Für den Träger zwei Gurte mit jeweils 104 cm Länge unter die Nähmaschine dicht nebeneinander legen, mit einem engen, aber breiten Zickzackstich mit grünem Nähgarn zusammennähen. Die Seitennähte der Tasche werden 14 cm vom oberen Rand gemessen 5 cm breit aufgetrennt. Die Gurte 2 cm einschieben, die Naht von links doppelt zusteppen.

7. Die Bodennaht jeweils 7 cm vom Seitenrand entfernt 3 cm weit auftrennen, hier zwei 18 cm lange Zurrgurtstücke mit Gurtschließen einlegen und von innen zusteppen. Entsprechend an der Vorderseite, d. h. Klappenrückseite, zwei 18 cm lange Stücke Zurrgurt ansteppen. Die Enden der Gurte mit einem Feuerzeug leicht verschmelzen, damit sie nicht aufgehen.

Sportlich bis ins Detail – mit der Startnummer auf der Handtasche

Kleine Sporttasche

Größe
30 x 20 cm
Schwierigkeitsgrad
◆

Endspurt mit Gurt

Ripsbänder, schön und haltbar, verleihen dieser Tasche den außerordentlich sportlichen Charakter – unentbehrlich für erfolgreiche Wettkämpferinnen.

MATERIAL

- Taschenkörper „Joy" von Prym
- Ripsband in Orange-Grün gestreift, 2,5 cm breit, 3 m
- Cordstoff in Orange, 10 x 10 cm
- Vliesofix, 15 x 12 cm
- Filz in Orange, 15 x 12 cm
- Strassbügelmotiv (z. B. Ziffer)
- Anhängerkette (Karabiner) mit farbigen Perlen
- Nähgarn in Orange, Nähnadel
- Stecknadeln
- Bügeleisen
- Baumwolltuch zum Abdecken
- Lineal
- Schere, Zackenschere

SO WIRD ES GEMACHT

1. Die vordere und hintere Bodennaht der Tasche und des Innenfutters 25 cm weit auftrennen. Das Ripsband in zwei gleich lange Bänder schneiden. Die Bänder jeweils über Kreuz auf Vorder- und Rückseite der Tasche arrangieren (siehe Foto) und mit Nadeln feststecken. Zum Befestigen in die Bodennähte schieben und von links zusammensteppen. Das Futter mit der Hand wieder schließen. Am oberen Taschenrand die Bänder knapp feststeppen. Stecknadeln entfernen.
2. Aus dem Cordstoff mit der Zackenschere ein Rechteck von 7 x 5,5 cm ausschneiden. Das Strassbügelmotiv auf dem Cord ausrichten, mit einem Tuch abdecken und aufbügeln.
3. Vliesofix von 15 x 12 cm auf den Filz aufbügeln, dann in zwei Rechtecke von 6,5 x 5 cm teilen. Von einem Rechteck die Trägerschicht abziehen und auf das andere Rechteck aufbügeln. Erneut die verbliebene Trägerschicht abziehen und als Verstärkung auf die Rückseite des Cordstoffes aufbügeln.
4. Zum Schluss das Rechteck auf die sich kreuzenden Bänder mit der Hand nähen, eine passende Anhängerkette anbringen.

22

Aus eins mach zwei: Der teilbare Träger ist einfach praktisch

Der Trick mit dem Zipp

Zu viel Gepäck für den Strandausflug? Ein Handtuch oder eine Badematte mehr oder weniger, kein Problem. Ein Zipp am Reißverschluss und das Fassungsvermögen wächst. Und wenn es mal schwerer wird, reicht ein Zipp, dann wird ein Rucksack daraus!

Matchsäcke in XXL

Größe

40 x 100 cm

Schwierigkeitsgrad

◆◆

MATERIAL

Jeweils für beide Modelle:

- Taschenkörper „Carrie" von Prym
- Hanfseil, Ø 1 cm, 90 cm
- Gurtband in Blau 2,5 cm breit, 2,1 m
- 4 Ösen mit Scheiben in Messing, Ø 14 mm
- 4 D-Ringe aus Metall, 2,5 cm
- Nähmaschine
- Nähgarn in Beige
- Heftgarn
- Variozange für Ösen
- Nähnadeln
- Feuerzeug
- Bleistift
- Lineal
- Zackenschere, Schere

Matchsack in Orange:

- 4 Reißverschlüsse in Orange, teilbar, 80 cm
- Baumwollstoff mit Blumendruck in Orange, 100 x 60 cm
- Nähgarn in Orange

Matchsack in Rot:

- 4 Reißverschlüsse in Rot, teilbar, 80 cm
- Baumwollstoff mit Blumendruck in Rot, 100 x 60 cm
- Nähgarn in Rot

SO WIRD ES GEMACHT

Beide Matchsäcke werden auf die gleiche Weise angefertigt.

1. Die unteren seitlichen Taschenriegel aus den Nieten aushängen und vom Boden abtrennen. Dann die Tasche glatt und gerade hinlegen und drei Schnittlinien jeweils im Abstand von 10 cm – vom oberen Rand ausgehend – aufzeichnen und mit der Zackenschere die Tasche in vier Teile schneiden.

2. Aus dem Baumwollstoff mit Blumendruck drei Streifen à 84 x 18 cm ausschneiden, mit einem Zickzackstich zusätzlich versäubern. Die seitlichen Ränder der Stoffstreifen mit 2 cm Nahtzugabe schließen.

3. Die Reißverschlüsse öffnen und aushängen, dann die ganze Tasche zusammenheften: Jeweils mit 1,5 cm Nahtzugabe wird der Reißverschluss zwischen den Taschenstoff in Beige und den Stoff mit Blumendruck gefasst. Danach alles mit der Nähmaschine zusammensteppen.

4. Vom Gurtband zwei 5 cm lange Stücke abschneiden. Alle Gurtenden mit dem Feuerzeug leicht verschmelzen, damit sie nicht aufgehen. Die beiden 5-cm-Stücke mittig falten, die D-Ringe einlegen und knappkantig absteppen. Die seitliche Bodennaht 5 cm öffnen, die Enden der Gurte mit D-Ring einschieben und von links zusammensteppen.

5. Das Gurtband in zwei gleich lange Stücke schneiden. Die rechte und linke Seite des Reißverschlusses jeweils 5 cm vom oberen Rand auf das Gurtband steppen; es bleiben zwei 15 cm lange Gurtbandenden ohne Reißverschluss hängen. Reißverschluss einhängen und schließen. Das obere Ende des Gurtes am oberen Taschenrand aufsteppen, die unteren Enden durch die D-Ringe fädeln.

6. Die Ösen am oberen Rand gleichmäßig verteilen und anbringen, die oberen Riegel in der Tasche mittig 1,5 cm auftrennen, das Hanfseil durch die Ösen und die Riegel fädeln, Seilenden verknoten.

TIPP

Ist der ausgewählte „Verlängerungsstoff" sehr dünn, kann man ihn mit einem einfachen Baumwollstoff unterlegen, das macht die Tasche strapazierfähiger.

Statt des Blumenstoffs können auch Einsätze aus festen Maschen gehäkelt und anschließend eingenäht werden, vielleicht in den Lieblingsfarben.

Übrigens kann auch ein runder Taschenboden eingenäht werden, so ist der Matchsack standfester.

LIMONADE

Ideal für den Schlüssel, so muss er nicht unter den Einkäufen gesucht werden

Schultertasche mit Vortaschen

Größe

40 x 40 cm

Schwierigkeitsgrad

◆◆

Alles griffbereit

Lässig, grün, unverwüstlich und mit viel Fassungsvermögen lässt diese Tasche das Einkaufen zum Vergnügen werden. Der breite Träger liegt gut auf der Schulter, und bei Sonderangeboten können Sie mit beiden Händen zugreifen.

MATERIAL

- Taschenkörper „Carrie" von Prym
- Ripsband in Blau-Beige-Grün gestreift, 5,5 cm breit, 1,8 m
- Baumwollstoff in Türkis, 40 cm
- Designfilz in Petrol, ca. 40 x 50 cm
- Anhängerkette (Karabiner) mit farbigen Perlen
- Marabu-FashionColor in Französisch Grün
- 1 kg Salz
- Nähmaschine
- Druckknopf
- Nähgarn in Türkis, Grün und Petrol
- Nähnadel
- Stecknadeln
- Schnittpapier (z. B. Packpapier)
- Bleistift
- Lineal
- Schere

SO WIRD ES GEMACHT

1. Als Erstes die Tasche bei 60° C in der Waschmaschine waschen, um die Appretur zu entfernen. Anschließend wird die Tasche gemäß Färbeanleitung (siehe Packungsbeilage) eingefärbt.

2. Jetzt die seitlichen Taschenriegel entfernen. Vom Ripsband 160 cm abtrennen, die schmalen Enden umbügeln und das Band mit Nadeln an den Taschenseiten aufstecken (siehe Foto) und feststeppen.

3. Nun die Schnittteile (siehe Seite 45) für die beiden Vortaschen maßstabgetreu auf Papier übertragen und ausschneiden.

4. Die Schnittteile für Klappe und Beutel der größeren Tasche auf dem Designfilz in Petrol feststecken und ausschneiden. Damit die Tasche später nicht plan aufliegt, sondern hervorsteht, Klappe und Beutel jeweils entlang der fett markierten Linien (siehe Schnittzeichnung, Seite 45) rechts auf rechts zusammensteppen. Vom Ripsband 12 cm abtrennen und als kleine Schlaufe an die Taschenklappe steppen. Die Position für die Filztasche auf der Vorderseite der großen Tasche markieren und die Filztasche knappkantig aufsteppen.

5. Die Schnittteile für Klappe und Beutel der kleineren Tasche auf dem Baumwollstoff feststecken. Klappe und Beutel mit 1 cm Nahtzugabe zweimal zuschneiden. Taschenklappe und -beutel an drei Seiten schließen, verstürzen, die Nahtzugabe an der offenen Kante nach innen klappen und knappkantig zusteppen. Den 8 cm langen Ripsbandrest als kleine Schlaufe an die Klappe steppen.

6. Beutel entlang der langen Bruchlinie falten und die seitlichen Nähte schließen. Tasche verstürzen, Seitennähte nach innen schieben, so dass sich eine trapezartige Taschenform ergibt. Die Form durch Bügeln stabilisieren. Die Klappe 1 cm weit hinter den Beutel legen und Klappe und Beutel zusammen (siehe Stepplinie in der Schnittzeichnung, Seite 45) mittig über der Filztasche aufsteppen.

7. Zum Schließen der Baumwollvortasche einen Druckknopf anbringen. Einen passenden Schmuckanhänger einhängen.

TIPP

Vortaschen und Träger können auch aus dem gleichen Stoff – geblümt, gestreift, kariert, auf die Garderobe abgestimmt – gefertigt werden. Dazu den gewünschten Stoff einfach auf einem passenden einfarbigen Träger-Ripsband feststeppen.

Verschiedene Borten, Spitze und ausgewählte Perlen ergeben ein echtes Indianeroutfit

Kinderrucksack

Größe

40 x 40 cm

Schwierigkeitsgrad

◆◆◆

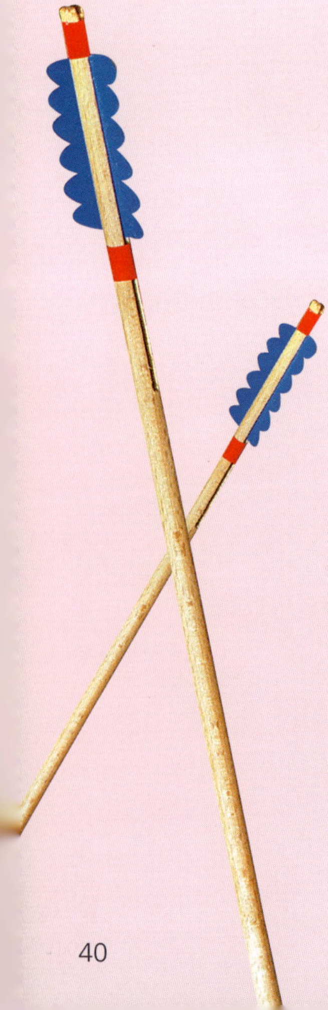

Für kleine Apachen

Mit so einem kleinen Freund werden ABC-Schützen superstark, ihm kann man all seine Geheimnisse anvertrauen, außerdem kann er prima Spuren lesen und findet immer wieder rechtzeitig zum Abendbrot nach Hause.

MATERIAL

- Taschenkörper „Carrie" von Prym
- 3 Schnappverschlüsse in Blau-Schwarz
- Stoff in Beige, 35 x 70 cm
- Watteline, 30 x 30 cm
- 10–12 Flauschfedern in Rot
- Jacquardborte in Schwarz-Blau, 35 mm breit, 2 m
- Jacquardborte in Rot-Blau, 27 mm breit, 60 cm
- Velours-Fransenborte in Schwarz, 40 mm breit, 3 m
- Klöppelspitze in Rot, 2 cm breit, 70 cm
- Filz in Orange, 5 x 60 cm
- Vliesofix, 5 x 60 cm
- Gurtband in Schwarz, 3 cm breit,1,4 m
- Kordel in Rot, Ø 5 mm, 1 m
- Glas- und Holzperlen, verschiedenfarbig
- 6 Ösen mit Scheiben in Messing, Ø 8 mm
- Nähgarn in Rot und Schwarz
- Marabu-FashionColor in Bordeaux
- 1 kg Salz
- Marabu-Textil in Weiß, Apricot, Bordeaux, Türkisblau, Zitron und Schwarz
- Borstenpinsel Nr. 1 und 12
- Variozange für Ösen
- Nähmaschine, Stecknadeln
- Bleistift, Schnittpapier
- Zackenschere, Schere

SO WIRD ES GEMACHT

1. Die Tasche bei 60° C waschen, dann nach Färbeanleitung (siehe Packungsbeilage) einfärben. Die äußere Kontur der Vorlage (siehe unten) maßstabgetreu zweimal auf den Stoff in Beige und einmal auf Watteline übertragen, mit 1 cm Nahtzugabe ringsum zuschneiden.

2. Für das Gesicht aus Weiß, Bordeaux und Apricot einen Hautton anmischen. Einen 2 cm breiten Rand in Bordeaux auf die vordere Taschenklappe malen, nach innen hin heller auslaufen lassen. Den Hautton auftragen und zu den äußeren Rändern hin auslaufen lassen. Augen, Nase und Mund aufmalen, trocknen lassen, zum Fixieren bügeln.

3. Am Rückteil der Taschenklappe mittig 20 cm Jacquardborte in Rot-Blau aufsteppen, diese dient später als Verschluss. Vorderteil mit Watteline und Rückteil rechts auf rechts bis auf den oberen Rand zusammennähen, verstürzen und an den hinteren oberen Taschenrand steppen.

4. Für die Dekoration auf dem Taschenbeutel die Borten vorbereiten. Dazu die breite Jacquardborte in 2,5 cm breite Falten legen und zusammensteppen. Orangefarbenen Filz mit Vliesofix bebügeln und mit der Zackenschere in einen 1,5 cm breiten Streifen schneiden. Alle Bänder auf dem Taschenbeutel anordnen: Die Klöppelspitze und die Federn unter die Jacquardborte legen und aufsteppen. Filzstreifen in Orange aufbügeln, die Zackenborte feststeppen. Alle Enden in die seitlich 10 cm geöffnete Seitennaht einnähen. Perlen aufnähen. Um das Gesicht die Fransenborte für die Haare und die schmale Jacquardborte als Kopfschmuck von Hand aufnähen.

5. Die unteren seitlichen Taschenriegel von den Nieten lösen, Schnappverschlüsse einfädeln, den Riegel zu einer Schlaufe zusammensteppen. 10 cm der schmalen Jacquardborte zu einer Schlaufe legen, Schnappverschluss einfädeln, auf der Tasche annähen (in Kinnhöhe). Aufgefädelte Holzperlen befestigen.

6. Das Gurtband mittig falten, eine 20 cm lange Schlaufe zu einem Griff legen und auf dem hinteren, oberen Taschenrand feststeppen. Die Ösen rundum am oberen Taschenrand anbringen, rote Kordel durchfädeln, Enden verknoten. Die beiden Gurte durch die Verschlüsse ziehen.

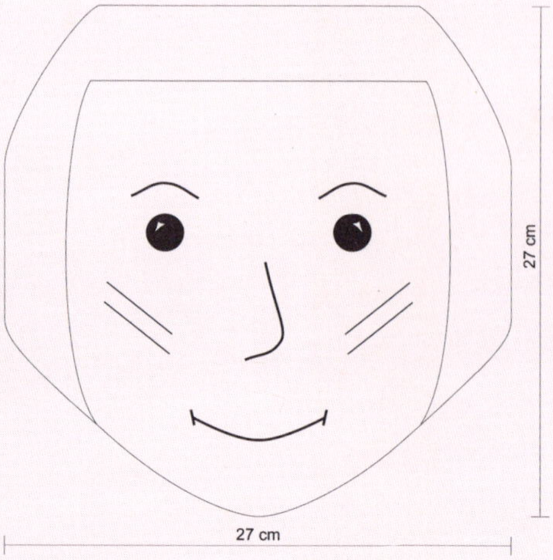

Durch die Hornknöpfe auf den Filzherzchen bekommt der Rucksack die „Trachtennote"

Wanderrucksack

Größe

40 x 40 cm

Schwierigkeitsgrad

◆◆◆

Im Frühtau zu Berge...

Dieser klein karierte Gipfelstürmer lässt Kindheitserinnerungen wach werden. Nach einer abenteuerlichen Wandertour hat er sich zur Wundertüte verwandelt: Leckere Brote, herrliche Früchte, Naschereien und erfrischende Getränke haben reichlich in ihm Platz.

MATERIAL

- Taschenkörper „Carrie" von Prym
- Stoff in Beige, ca. 20 x 50 cm
- Bastelfilz in Rot, ca. 40 x 140 cm
- Kordel in Rot, Ø 1 cm, 1,5 m
- 4 herzförmige Hornknöpfe, 2,4 cm breit
- Gurtband in Braun, 2 cm breit, 2,6 m
- Schnalle mit Mittelsteg
- 4 D-Ringe, 3,5 cm
- 3 Ösen in Silber, Ø 0,4 cm
- 4 Ösen mit Scheiben in Silber, Ø 8 mm
- Marabu-Textil in Weiß und Karminrot
- Borstenpinsel Nr. 8
- Variozange für Ösen
- Nähmaschine
- Bügeleisen
- Zackenschere
- Schere
- Klebefilm, transparent, 1 cm breit, 1 Rolle

SO WIRD ES GEMACHT

1. Inneren Taschenboden heraustrennen, dieser wird später als Taschenklappe eingesetzt (siehe Schritt 3). Beigefarbenen Stoffrest auf das Format 24 x 16 cm zurechtschneiden. Stoff und Taschenklappe jeweils im Abstand von 1 cm mit Klebestreifen abkleben, rote Streifen aufmalen, trocknen lassen (siehe Grundkurs „Stoff bemalen", Seite 6). Dann quer dazu verlaufend ebenfalls mit Klebestreifen abkleben und die weiße Farbe aufmalen, trocknen lassen.
2. Den bemalten Stoffrest ringsum 1 cm umbügeln und knappkantig auf ein etwas größeres Stück roten Bastelfilz aufsteppen. Den Filz mit der Zackenschere beschneiden. Auf der beigefarbenen Tasche mittig ausrichten und als Vortasche auf die vordere Seite steppen.
3. Entsprechend dem Taschenboden ein weiteres Stück Stoff in Beige mit 1 cm Nahtzugabe ausschneiden. Dem Umfang entsprechend einen 2 cm breiten Streifen aus Filz mit der Zackenschere zuschneiden. Den beigefarbenen Stoff ringsum 1 cm umbügeln. Stoff und Taschenklappe übereinander legen, Filzstreifen dazwischen und alles zusammensteppen. Die Taschenklappe am hinteren Taschenbund feststeppen.
4. Für den Verschluss einen ca. 30 cm langen und 4 cm breiten Steifen in Beige ausschneiden, rot anmalen. Rechts und links 1 cm einbügeln, vorne zu einer Spitze legen. Diesen Riegel auf einen leicht größeren Filzstreifen aufsteppen und mit der Zackenschere knappkantig beschneiden. 24 cm des Riegels mit einer kleinen Schlaufe oben auf die Taschenklappe steppen. Durch den restlichen Riegel (6 cm) die Schnalle fädeln, mittig falten und auf der Tasche feststeppen.
5. Die drei kleinen silbernen Ösen am oberen Riegel anbringen. Die großen Ösen am oberen Taschenbund befestigen und die Kordel durchziehen.
6. Vom Gurtband zwei ca. 6 cm lange Stücke abtrennen, die D-Ringe aufziehen und am rückwärtigen Taschenboden feststeppen. Nun das verbleibende Gurtband für die Tragegurte in zwei gleich lange Stücke teilen, nebeneinander legen und mit einem Zickzackstich zusammennähen. Entsprechend der Länge des Gurtbandes einen 2,5 cm breiten Filzstreifen ausschneiden und zur Verstärkung mittig auf den Gurt nähen. Den Gurt im oberen Bereich zu einer 15 cm großen Schlaufe legen, feststeppen und die langen Enden durch die D-Ringe fädeln.
7. Zum Schluss frei Hand Filzherzen ausschneiden und mit Hornknöpfen aufnähen.

TIPP

Wem das ganze Modell zu traditionell ist, der kann mit den Farben frei experimentieren. Einfach den Rucksack vorher komplett einfärben und sowohl die aufgesetzte Tasche als auch die Taschenklappe in Farben der Wahl anmalen.

Lait frais

Schnitt für „Butterfly Dreams"

(Seite 10/11)

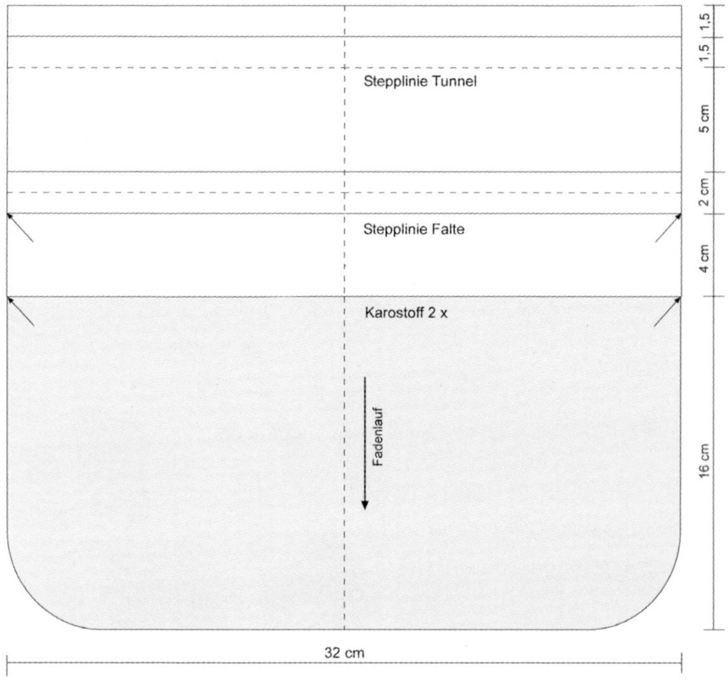

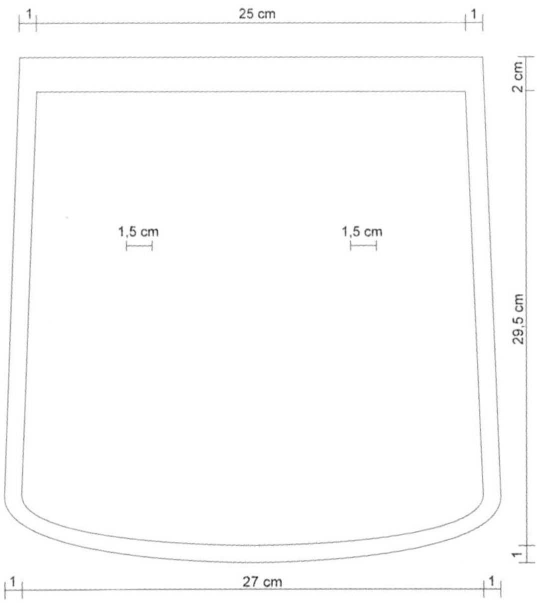

Schnitt für „Asia Flair"

(Seite 14/15)

Schnitt für „Brown Sugar"

(Seite 20/21)

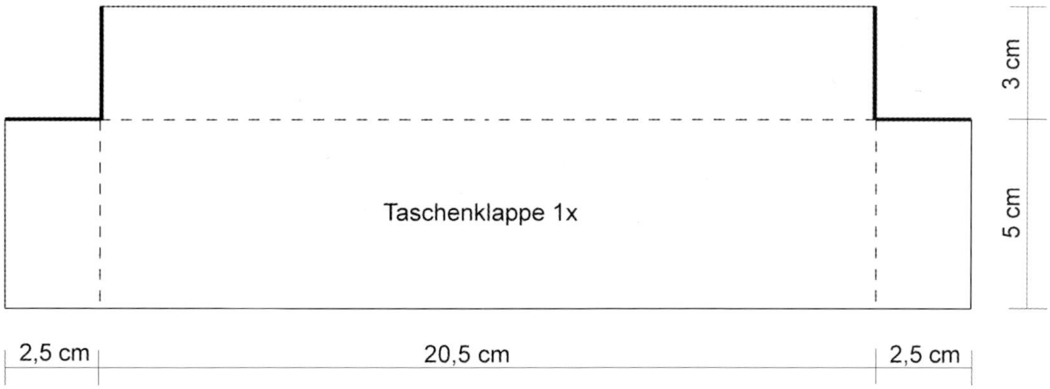

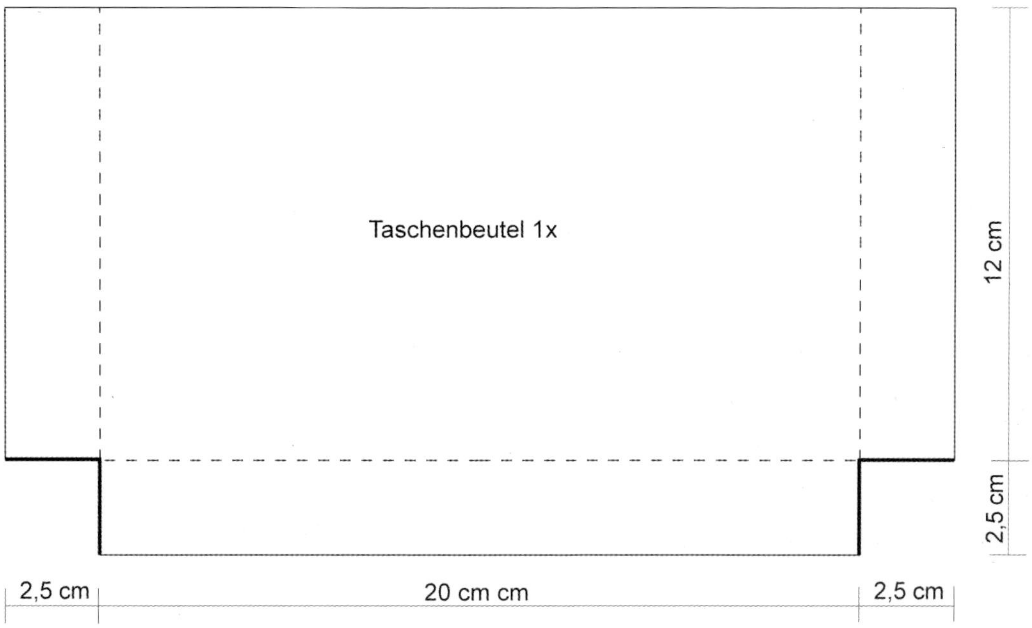

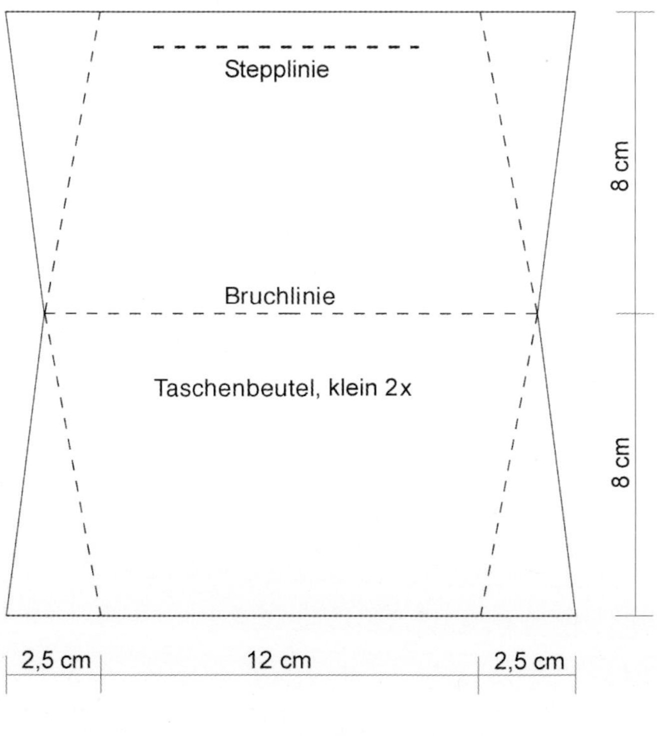

Schnitte für „Alles griffbereit"

(Seite 38/39)

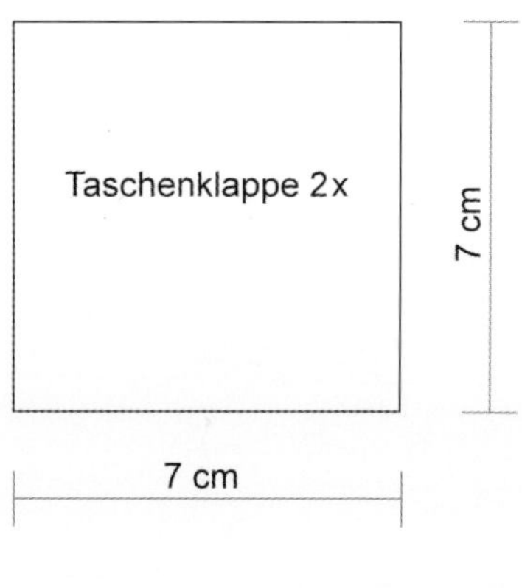

Impressum

Entwürfe und Realisation:
Petra Hoffmann
Redaktion:
Anke Sturm
Lektorat:
Regina Sidabras
Fotos:
Jürgen Fey (Seiten 6 bis 7),
Uzwei Fotodesign (Seiten 8 bis 43)
Styling:
Petra Hoffmann (Seiten 6 bis 7),
Karin Schlag (Seiten 8 bis 43)
Vorlagenzeichnungen:
Annette Mucha
Umschlaggestaltung:
Stefan Hagen
Layout:
Dieter Richert, Freiburg/Köln
Reproduktion:
Baun PrePress, Fellbach
Druck und Bindung:
Printer Portuguesa, Mem Martins, Portugal

ISBN 3-89858-812-2
ISBN 978-3-89858-812-6
(gültig ab 1.1.2007)

Danksagung

Der besondere Dank der Autorin für die Unterstützung bei der Modellerstellung gilt Susanne Vollmer-Gerhard, Judith Salzmann und Christina Michaelis.
Die Autorin dankt außerdem folgenden Firmen für ihre freundliche Unterstützung:

Stoffe:
Zweigart & Sawitzki, Sindelfingen
(Seiten 27, 39);
Karstadt, Essen
(Seiten 11, 15, 17, 25, 37, 41, 43);
www.filzshop24.de (Seiten 19, 23, 31, 39)
Taschen und Schmuckaccessoires:
Prym Consumer GmbH & Co. KG,
Stolberg (Seiten 8–43);
Vliesstoffe:
Freudenberg Vliesstoffe KG, Heidelberg
(Seiten 7, 15, 19, 21, 27, 35, 41);
Perlen und Knöpfe:
Union Knopf, Bielefeld
(Seiten 9, 29, 35, 39, 41, 43)
Zusätzliche Materialien:
Rayher Hobby GmbH (Seiten 19, 41),
(über den Hobby- und Bastelfachhandel);
Efco, Rohrbach (Seiten 6, 23)
Farben und Lacke:
Marabuwerke GmbH & Co. KG
Asperger Str. 4, 71732 Tamm
www.marabu-kreativ.de
(Seiten 13, 19, 27, 33, 41, 43)

Autorin und Verlag haben die größtmögliche Sorgfalt walten lassen, um sicherzustellen, dass alle Angaben und Anleitungen korrekt sind, können jedoch im Falle unrichtiger Angaben keinerlei Haftung für eventuelle Folgen, direkte oder indirekte, übernehmen. Die gezeigten Materialien sind zeitlich unverbindlich. Der Verlag übernimmt für Verfügbarkeit und Lieferbarkeit keine Gewähr und keine Haftung.

Farbe und Helligkeit der in diesem Buch gezeigten Stoffe, Materialien und Modelle können von den jeweiligen Originalen abweichen. Die bildliche Darstellung ist nicht verbindlich. Der Verlag übernimmt keine Gewähr und keine Haftung.